AF581435

N° 31.

Prix : 0.75
Avec le n° correspondant du "Monde Illustré"

MAURICE LEVEL et JEAN-JOSÉ FRAPPA

LE GOSSE

PIÈCE EN UN ACTE

Représentée pour la première fois au Théâtre de l'Ambigu (Matinées rouges) *le 24 Janvier 1913*

MAURICE LEVEL

Le Baiser dans la Nuit

PIÈCE EN DEUX ACTES

Représentée pour la première fois au Théâtre du Grand Guignol le 10 Décembre 1912

Jacques Lemarie

ÉDITION DU MONDE ILLUSTRÉ
13, Quai Voltaire — PARIS

Supplément gratuit au n° 2917
du MONDE ILLUSTRÉ
22 FÉVRIER 1913

LES SUCCÈS AU THÉATRE

" Le Gosse " à l'Ambigu

M. Maurice Level séjournait en Suisse avec Jean-José Frappa, lorsqu'on leur demanda d'écrire rapidement une pièce en un acte pour une matinée de bienfaisance. Ensemble ils feuilletèrent les contes que M. Maurice Level publia dans le *Journal* : l'un d'eux retint plus particulièrement leur attention et sans hésiter davantage ils décidèrent d'écrire *Le Gosse*. (Plus tard ils devaient aussi tirer d'un de ces contes une pièce âpre et violente : *Taïaut*). Écrit en quelques jours *Le Gosse* fut rapidement répété et joué. Il obtint un succès qui dépassait les espérances des auteurs et M. André de Lorde qui est directeur avisé autant qu'auteur de grand talent la leur demanda immédiatement pour les « Matinées rouges » de l'*Ambigu* qu'il organisait avec M. Hertz.

On sait avec quel enthousiasme le public des « Matinées rouges » accueillit ce drame court et poignant. Il est vrai que la pièce fut jouée d'une façon exceptionnelle. Mme Marcelle Frappa qui venait d'obtenir la consécration définitive de son admirable tempérament dramatique dans *Les Invisibles*, d'André de Lorde où son talent se révéla sous un jour entièrement nouveau qui lui valut l'admiration absolue de toute la presse, et dans l'*Annonce faite à Marie*, dont on n'a pas oublié le récent succès à l'*Œuvre*, composait avec une puissante originalité le rôle de la mère et M. Delphin qui déjà s'était montré remarquable dans l'*Oiseau Bleu*, de Maeterlink, avait bien voulu prêter au personnage du *Gosse*, son beau talent si sincère et si émouvant.

Enfin M. Damorès très remarqué fut chaleureusement applaudi.

La Presse a rendu aux acteurs et aux interprètes un juste hommage. Voici quelques extraits des principaux articles.

Gil Blas (M. Edmond Sée).

J'ai hâte d'arriver au *Gosse*, l'acte de MM. Level et J.-J. Frappa. L'histoire est des plus simples. Un fermier soupçonne, puis découvre que son enfant n'est point de lui, mais d'un coq de village. Une scène éclate entre le brave homme (c'est le mari que je veux dire) et sa femme. L'homme se monte, s'irrite, s'exaspère : et fou de douleur, finit par jeter dehors l'enfant cause de discorde. Hélas ! le pauvre petit pleure. Et l'on entend au loin de furieux aboiements. C'est le chien du voisin, une bête prise de la rage, et que l'on cherche vainement pour l'abattre, depuis le matin. Les aboiements se rapprochent !... Et l'enfant crie d'effroi ; appelle au secours. Alors l'homme, le fermier redevenant *père* soudain, ouvre la porte, se précipite dehors ; et ramène le petit sain et sauf ! Voilà. C'est tout. Mais cela est extrêmement poignant et dialogué avec beaucoup de vérité et de simple éloquence.

MM. Damorès, Mancini, le nain Delphin ont interprété non sans simplicité ce petit drame où Mme Marcelle Frappa nous a fait admirer à nouveau ses dons rares de comédienne si puissante : tragédienne à l'occasion lorsque cela lui plaît.

Excelsior.

Le Gosse, de MM. Maurice Level et J.-J. Frappa, est une pièce vécue, qui a obtenu le plus vif succès. Mme Marcelle Frappa y est remarquable de sobriété et d'émotion.

Le Radical (M. Yvon Delbos).

Le Gosse est un bâtard que l'époux de sa mère prend d'abord pour son fils. Mais il s'aperçoit de l'erreur et le chasse dans la nuit. On entend alors les hurlements d'un chien enragé, — la chose est à signaler au docteur Metchnikoff, — et l'homme se précipite pour arracher le gamin au danger. Le voilà redevenu son père, car s'il ne lui a pas donné la vie, il l'a lui a sauvée. C'est un drame sobre et assez poignant, fort bien joué par M. Damorès, et surtout par Mme Frappa et le nain Delphin.

Paris-Journal (M. Victor Ménagé).

Et le rideau s'est relevé sur le *Gosse*, petit drame bien construit, rapide, forcené, de Maurice Level et Jean-José Frappa. Nous sommes au village : un paysan découvre que son fils est bâtard, qu'il est né des relations, antérieures à son mariage, de sa femme avec un bellâtre du pays. Dans sa fureur, il arrache le gosse aux bras de sa mère et le jette, en chemise, dans la rue, où retentissent les aboiements d'un chien enragé. Mais le justicier s'émeut d'entendre les appels désespérés du gosse : il prend son fusil tue le chien et ramène l'enfant qui, nouant ses bras innocents autour de son cou, lui impose une paternité adoptive. La grande tragédienne Mme Marcelle Frappa a été émouvante à son ordinaire dans le rôle de la mère ; et, de plus, dans sa mimique de paysanne elle nous a révélé une artiste de composition d'un naturel parfait. Le petit Delphin a été fort remarqué dans le rôle du Gosse. MM. Mancini et Damorès tenaient les autres emplois avec autorité. Le public a ovationné la pièce et ses interprètes.

Débats (M. Edouard Sarradin).

Très simplement composée et singulièrement impressionnante, la petite pièce de MM. Maurice Level et J.-J. Frappa, *Le Gosse*. Un paysan a des raisons, de bonnes raisons de croire que son fils n'est pas de lui. Une violente querelle avec sa femme l'exaspère au point qu'il met le gosse à la porte en pleine nuit... Mais il entend les aboiements d'un chien enragé, lequel rôde depuis plusieurs jours dans le pays. Cela suffit à lui rendre le sentiment de la paternité : il vole au secours de l'enfant. Le gosse est sauvé. MM. J.-J. Frappa et Maurice Level ont mis en relief la figure de ce paysan ; ils ont fait sentir toute sa souffrance et très bien exprimé d'ailleurs les angoisses de la mère. Cette pièce est remarquablement jouée par MM. Mancini, Damorès, Delphin : et Mme J.-J. Frappa, très vraie, très émouvante, et toujours simple.

Comœdia (M. Emery).

Le Gosse est un petit drame bien vivant, impressionnant. Le riche fermier soupçonne sa femme de le tromper avec un coq de village. Il constate que son fils ressemble à ce bellâtre, et comme il ne doute plus de l'adultère, il jette le petit à la porte, au moment où rôde dans la nuit un chien enragé. Toutefois, aux cris de l'enfant, malgré sa ferme volonté de le laisser périr, le paysan s'armera de son fusil et tuera le chien enragé. Le petit, reconnaissant, se jettera dans ses bras en l'appelant *papa*.

Mme Marcelle Frappa a campé une remarquable esquisse de paysanne ; M. Damorès, exprime les transports et les fureurs de la jalousie, dans une âme simple et véhémente. M. Mancini joue le galant rustique, paresseux, lâche et sournois. M. Delphin a été très naturel et très pathétique dans le rôle du gosse.

" Le Baiser dans la Nuit " au Grand Guignol

Lorsque M. Maurice Level commença à publier dans le *Journal* sa curieuse série de contes angoissants, plusieurs hommes de théâtre eurent immédiatement l'idée de porter à la scène un genre nouveau qui savait si bien prendre les nerfs et accaparer l'esprit. Cependant les essais que l'on fit par la suite ne donnèrent pas tous les résultats attendus [illegible] quelques auteurs tels que M. André de Lorde [illegible] qualités dramatiques et un souci du détails qui n'étaient pas sans mérite, la plupart ne donnèrent que des visions d'horreur, dénués de toute originalité et de tout sens artistique. Quelques pièces solidement charpentées, ingénieusement conduites finirent par prendre le grand public, mais des spectateurs plus raffinés furent choqués par le défaut de souci artistique que révélait ce genre nouveau au théâtre.

La pièce dite « d'horreur » manquait totalement de littérature et c'est alors que M. Maurice Level fin lettré, écrivain spirituel autant que séduisant se décida à aborder franchement le théâtre. Entre autres pièces il donnait au "Grand-Guignol « *Sous la lumière rouge* », drame émouvant, douloureux, profondément humain et dont la tenue littéraire devait surprendre les habitués de la rue Chaptal : ce fut un gros succès. Tout en gardant les qualités d'impression, de brutalité, de douleur habilement étalée qui déterminèrent le triomphe du genre, la pièce contenait un souci de la vérité auquel n'étaient plus accoutumés les spectateurs du

LE GOSSE

PIÈCE EN UN ACTE

DE

MAURICE LEVEL et JEAN-JOSÈ FRAPPA

Représentée pour la première fois au Théâtre de l'Ambigu (Matinées rouges, le 24 Janvier 1913.

ET

Le Baiser dans la Nuit

PIÈCE EN DEUX ACTES

DE

MAURICE LEVEL

Représentée pour la première fois au Théâtre du Grand Guignol le 10 Décembre 1912.

ILLUSTRATIONS DE P.-C. DELAROCHE

LE GOSSE

PERSONNAGES

Louisa	Mme Marcelle FRAPPA.
Pierre	MM. DAMORES.
Jacquet	MANCINI.
François	DELPHIN.

La salle basse d'une ferme. A gauche, une haute cheminée où brûle un grand feu de bois. Au milieu une table à demi desservie. A droite, un escalier conduisant aux chambres. Au fond une porte de chêne, une fenêtre garnie de rideaux à carreaux par où l'on voit la route et la campagne. Un buffet chargé de vaisselle et un dressoir sont appuyés au mur. Le jour tombe. Il pleut. Par moments on entend des raffales de vent et de pluie et très loin l'aboiement perdu d'un chien. L'obscurité augmente progressivement. Il est six heures du soir en novembre.

Scène première

LOUISA, JACQUET

JACQUET, *adossé à la cheminée.* — Alors, c'est non?

LOUISA, *nettoyant la table, enlevant le couvert du petit.* — C'est non.

JACQUET. — Pourquoi ?...

LOUISA. — Parce que c'est non.

JACQUET, *ironique.* — T'as pas toujours dit ça !

LOUISA, *haussant les épaules.* — Possible... mais à présent... *(Changeant de ton.)* Voyons, Jacquet... sois raisonnable... *(Sur un geste de Jacquet.)* C'est si vieux tout ça !

JACQUET, *se rapprochant.* — Oh si vieux !...

LOUISA. — Huit ans bientôt.

JACQUET. — Tant que ça ?

LOUISA. — Le petit va sur sa septième année. Tu étais au régiment depuis huit mois quand il est né !

JACQUET, *réfléchissant.* — C'est vrai tout de même... *(Se reprenant.)* Et puis quoi, qu'est-ce que ça fait ? Tu es toujours la plus belle fille du village.

LOUISA, *plaisantant.* — Mais non...

JACQUET. — Mais si ! Il n'y en a pas une pour avoir tes beaux yeux, tes belles dents... Quand je te vois passer, avec tes manches levées et ton corsage ouvert, ça me donne un coup, comme dans le temps... *(Se rapprochant.)* Tu te rappelles, hein ?...

LOUISA, *un peu plus nette.* — Passe donc ton chemin. Ce qui est fini est fini. Je suis mariée...

JACQUET, *tentateur.* — Ça n'empêche pas... il y en a d'autres...

LOUISA. — Va les trouver... Je ne veux pas d'ennuis... J'ai mon ménage, mon mari, mon gosse... Si toi t'as rien à faire qu'à courir les filles, j'ai assez à m'occuper.

JACQUET, *essayant de plaisanter et se rapprochant.* — T'es bête !

LOUISA, *le repoussant.* — Laisse-moi ! Et puis, assez causé !

(Elle lui tend son chapeau et sa trique.)

JACQUET, *insolent.* — Qui que tu attends donc ?

LOUISA. — Quelqu'un que tu n'attendrais pas si tu savais qu'il est derrière la porte : mon homme.

JACQUET, *près de la porte.* — Il ne me fait pas peur...

LOUISA, *au pressoir.* — Voire !...

JACQUET. — Et puis, il est au marché, bien tranquille, va !...

Scène II

LES MÊMES, PIERRE

PIERRE, *entrant.* — Bonjour. *(Il rejette sa houppelande que Louisa va déposer dans un coin ; à Jacquet.)* Tiens, t'es là, toi !

JACQUET *gêné.* — Eh oui, maître Pierre. Je passais, alors je suis entré dire un petit bonjour !

PIERRE, *assez froid.* — Merci.

JACQUET (M. Mancini).

JACQUET. — Et maintenant je m'en retourne à la ferme, donner à manger aux bêtes.

PIERRE. — Habillé comme ça ?

JACQUET. — Dame oui...

PIERRE. — Compliments ! A cette heure on met des souliers fins et des chemises neuves pour entrer dans les étables. C'est des pouliches délicates que tu soignes ! Faut être rasé de frais pour leur passer la botte ! *(Le regardant fixement.)* Ma parole, tu as des bagues !

JACQUET. — Hé !...

PIERRE. — Tu as raison. Quand tu n'auras plus ta belle figure, quand les garces ne voudront plus de toi, qu'est-ce qui te restera ? Faudra travailler alors comme les bons bougres... et c'est dur !

JACQUET. — Je travaille.

PIERRE. — A ta manière. Moi, je serais toi, je quitterais le pays.

JACQUET. — Pourquoi ?

PIERRE. — Une idée comme ça... C'est joli de danser aux assemblées, de chatouiller les filles, de détourner les femmes, mais entre nous, ça ne vous fait pas une bonne réputation, hein ?

JACQUET. — Mais...

PIERRE. — Suffit. Retourne à ton ouvrage. *(Ces deux derniers mots avec intention.)* Pourtant, tu n'es pas beau, tu es rouquin, tu es maigre.

JACQUET, *se rengorgeant.* — Les bons coqs...

PIERRE, *que la colère gagne.* — Les bons coqs... *(Sur un autre ton, et le regardant des pieds à la tête.)* Avec quoi qu'on les nourrit, les cochons, chez ton maître ?

JACQUET, *avec un rire bête et gêné.* — Hé...

PIERRE. — Ils ne sont point gras. Tu le lui diras de ma part.

JACQUET, *s'efforçant de rire.* — Hé... hé...

PIERRE. — Et là-dessus, au revoir...

JACQUET, *lui tendant la main.* — Au revoir...

PIERRE, *n'a pas l'air de voir que Jacquet lui tend la main, puis il ouvre son couteau, prend la miche de pain et s'en coupe une tranche.* — Au revoir...

(Jacquet sort rapidement.)

Scène III

PIERRE, LOUISA

Louisa qui pendant la scène entre les deux hommes était restée immobile, inquiète et gênée, s'approche de son mari aussitôt que Jacquet a fermé la porte.

LOUISA. — Tu es rentré de bonne heure aujourd'hui.

PIERRE. — Ça te dérange ?

LOUISA, *feignant de ne pas comprendre.* — Pourquoi veux-tu que ça me dérange ! Ton souper est prêt. Pourtant, j'en ai eu des choses à faire tantôt!...

PIERRE. — Ouais...

LOUISA. — D'un temps pareil, il ne fait pas bon travailler dehors...

PIERRE, *insolent.* — Alors, on s'occupe dans la maison...

(Un temps. Louisa le regarde, elle va l'interroger, puis se dirige vers le buffet.)

PIERRE, *sans la regarder.* — Il y avait longtemps qu'il était là, cet espèce de propre à rien ?

LOUISA, *très vite.* — Oh non !

PIERRE. — Qu'est-ce qu'il te voulait ?

LOUISA, *gênée.* — Il passait... *(Allant à la fenêtre et soulevant le rideau.)* Quelle heure est-il ?

PIERRE. — Six heures.

LOUISA. — Comme la nuit vient vite... *(Toujours à la fenêtre.)* Et le petit qui n'est pas rentré...

PIERRE. — Comment, il n'est pas rentré ? Il n'est pas rentré de l'école ?

LOUISA. — Si, seulement je l'ai envoyé en course...

PIERRE. — Et dîner ?

LOUISA. — Il avait dîné avant, avec moi... Tu peux te mettre à table, ta soupe est chaude.

(Elle se penche sur l'âtre, prend la marmite et sert la soupe. Pierre s'assied, déplie sa serviette et se met à manger. Louisa, debout près de lui, de l'autre côté de la table, le regarde un instant, puis se met à parler). Elle est bonne comme ça ?

PIERRE. — Oui. *(Un temps.)*

LOUISA. — Il y avait beaucoup de monde au marché ?

PIERRE. — Oui.

LOUISA. — Alors, pourquoi reviens-tu de si bonne heure ? D'habitude tu n'es pas de retour avant dix heures du soir.

(Pierre pose sa cuiller, regarde Louisa comme s'il allait répondre directement, puis se ressaisit et scandant les mots :

PIERRE. — Parce que j'avais mieux à faire ici que là-bas...

(Un temps. Louisa lui verse un verre de vin.)

LOUISA. — C'est-il vrai que la Chaput s'est débarrassée de ses vieilles poules ?

PIERRE. — Je ne sais pas.

LOUISA. — Elle a de la chance. J'en aurais pas voulu, moi, quand on m'aurait payée ! Mais, c'est les Rizoy qui ont de l'ennui ! A ce qu'il paraît, leur beurre se serait censément tourné en eau.

PIERRE. — Ça arrive... *(Un temps.)*

LOUISA. — Tu n'as pas l'air de bonne humeur. Qu'est-ce que tu as ?

PIERRE, *avec un gros effort, puis reprenant d'un air indifférent.* — J'ai ! *(Il coupe un crouton de pain.)* J'ai rien. *(On entend la pluie et le vent.)*

LOUISA. — Tu as fini ? Tu ne veux point autre chose ?

PIERRE. — Non.

(Un temps. La pluie tombe de plus en plus fort. Louisa retourne à la fenêtre et en soulève le rideau.)

PIERRE, *debout et écoutant la pluie.* — Ce qu'il pleut tout de même ! Il y a de la neige avec maintenant !

(On entend dans le lointain aboyer un chien.)

LOUISA, *quittant la fenêtre.* — Ah ! mais tu ne sais pas ! Le chien aux Heurtot...

PIERRE. — Eh bien?

LOUISA. — Il paraît qu'il est enragé...

PIERRE, *incrédule.* — Enragé ! leur grand chien rouge ! Peuh ! !

LOUISA, *heureuse d'avoir enfin trouvé un sujet de conversation.* — Si, si, depuis hier, il avait les reins comme cassés. Quand on passait près de lui, il faisait des longs grognements, comme quelqu'un qui râle... et ce matin, il avait de la bave plein la gueule, alors le père Heurtot a voulu l'abattre. Mais, dans le temps qu'il était allé quérir son fusil, le chien s'est ensauvé... on ne sait plus où il est. Ah! c'est bien des ennuis pour le père Heurtot. Il va avoir un procès... Encore heureux si son chien ne mord personne...

(Un silence, la pendule sonne la demie. Pierre s'avance vers la fenêtre).

PIERRE. — C'est donc loin que tu l'as envoyé, le petit ?

LOUISA. — Non... chez l'épicier, en bas de la côte. Il devrait être là...

PIERRE. — Il n'aurait pas dû sortir surtout... Mais tu avais autre chose à penser, tout à l'heure !

LOUISA, *très inquiète, retournant à la fenêtre.* — Laisse-moi tranquille, je suis assez ennuyée.

PIERRE. — Et personne ne l'a rencontré, ce chien?

LOUISA, *toujours à la fenêtre.* — Si, Jacquet.

PIERRE. — Eh bien, qu'est-ce qu'il a fait?

LOUISA, *énervée.* — Il s'est sauvé. *(Elle ouvre la fenêtre, guette un instant, puis appelle.)* François! François!

UNE VOIX, *du dehors.* — Maman!

PIERRE, *qui a rejoint Louisa, avec un soupir.* — Ah! *(Au petit.)* Viens vite! *(Il referme la fenêtre, puis ouvre la porte.)* Allons, dépêche-toi!

Scène IV

LES MÊMES, le petit FRANÇOIS entrant.

Le petit a le col de son capuchon levé, il entre en se frottant les doigts. Son manteau est couvert de neige.

FRANÇOIS. — Bonjour, maman... Bonjour, papa!

LOUISA, *lui enlevant son capuchon.* — Tu y as mis le temps.

LOUISA (Mme Marcelle Frappa).

FRANÇOIS. — C'est qu'il neige, maman, ça glisse!... Voila tes paquets... Tu m'as rien apporté, papa?

PIERRE. — Je n'ai pas eu le temps, mon petit. Il fallait que je rentre.

(Louisa regarde Pierre avec inquiétude.)

LOUISA. — Ote vite tes galoches... *(Elle s'est agenouillée près de lui et le déchausse.)* Ou es-tu allé courir? Près de la mare?

FRANÇOIS. — Non...

LOUISA. — Ne mens pas.

PIERRE, *avec une intention et autant à Louisa qu'à l'enfant.* — Il ne faut pas mentir.

LOUISA. — Tu as de la boue après tes semelles. Je la reconnais la boue de la mare. Si tu désobéis encore une fois, je te promets une de ces fessées...

FRANÇOIS. — C'est pas ma faute. C'est Jacquet qui m'a dit de lui garder ses vaches pendant qu'il faisait une commission.

PIERRE, *ricanant.* — Ha!

FRANÇOIS, *cherchant dans sa poche.* — Il m'a donné trois sous quand il est revenu.

PIERRE. — Et il y a longtemps qu'il est revenu?

FRANÇOIS. — Oh! non, il y a peut-être une demi-heure.

LOUISA, *s'énervant.* — Ne tourne donc pas ton pied comme ça.

PIERRE. — Et il te fait souvent faire des commissions, Jacquet?

FRANÇOIS. — Des fois...

PIERRE. — Tu l'aimes bien?

FRANÇOIS. — Oh! oui!

PIERRE. — Beaucoup? Qui préfères-tu? Lui ou moi?

FRANÇOIS. — Oh! toi! mais c'est drôle! Il m'a demandé la même chose tout à l'heure.

(Pierre a un geste furieux.)

LOUISA, *à François et nerveuse.* — Va te coucher, va te coucher. *(Elle le met debout.)*

PIERRE, *l'arrêtant.* — Laisse-le donc, ce petit! Te voilà bien pressée.

FRANÇOIS, *fouillant dans sa poche.* — Et puis, il m'a donné ça aussi. *(Il tend une petite boîte.)*

PIERRE. — Qu'est-ce que c'est?

FRANÇOIS. — C'est pour mettre sur les cheveux, pour sentir bon.

LOUISA, *arrachant la boîte et la jetant au feu.* — Donne ça!

FRANÇOIS, *sans vouloir laisser sentir qu'il va pleurer.* — Oh! il m'en donnera d'autres!

LOUISA, *à François.* — Je te défends, tu entends?

PIERRE. — T'as rien à lui défendre. *(A François.)* Arrive ici, toi.

(Il le prend entre ses genoux et le regarde longuement).

FRANÇOIS, *amusé.* — Oh! comme tu me regardes!...

PIERRE, *d'une voix changée et lointaine.* — Oui, je te regarde. Comme ça change, un gosse.

(Il s'est tourné vers Louisa.)

LOUISA, *gênée.* — Dame... il grandit...

PIERRE. — C'est bien ce que je me dis... quand c'est petit... c'est un paquet de chair... ça remue comme des petits chiens, ça ne ressemble à rien... mais quand ça grandit... ça prend des manières, des façons... *(Lui prenant la tête.)*

LOUISA, *traverse la scène, monte à la soupente et redescend tenant la lampe allumée. Elle la pose sur la table au moment où François dit : Pourquoi tu me regardes comme ça?* — Les enfants sont tous pareils, quoi!...

PIERRE. — Je peux dire que je te regarde pousser, toi, pire que le blé des champs! Fais voir tes yeux... *(Il le regarde fixement.)* J'en connais des yeux comme cela... et des cheveux roux aussi, tout pareils.

FRANÇOIS, *très fier.* — Ah! je sais, moi, c'est les cheveux de Jacquet!... *(Avec un effroi soudain.)* Pourquoi tu me regardes comme ça?...

(Il s'écarte de Pierre qui le tient par les épaules.)

LOUISA, *prenant vivement l'enfant.* — Va te coucher, va!...

(Elle l'entraîne, l'arrache presque, le pousse vers la porte, et sort avec lui; mais à peine a-t-elle fermé que Pierre l'appelle d'une voix brutale.)

PIERRE. — Louisa! Arrive ici!

LOUISA, *entre-bâillant la porte.* — Je couche le petit...

PIERRE. — Après, après !...

LOUISA, *au petit.* — Va dans la chambre. Sois sage. *(Elle referme la porte et revient.)*

Scène V

LOUISA, PIERRE

LOUISA, *s'arrêtant les mains sur les hanches.* — Eh bien?

PIERRE. — Ah ! tu as entendu, ce coup-ci?

LOUISA. — Quoi donc?

PIERRE. — Ce qu'a dit le petit !

LOUISA. — Tu ne vas pas t'arrêter aux propos d'un enfant! D'ailleurs, depuis que tu es rentré, j'ai bien vu que tu avais un drôle d'air. Tu crois donc que je ne l'ai pas vu? Si c'est une dispute que tu cherches?

PIERRE. — Ce n'est pas une dispute, c'est une explication que je veux. J'en ai assez d'être la risée du village.

LOUISA. — Toi?

PIERRE. — Qu'on chuchote en me voyant passer !

LOUISA. — Toi??

PIERRE. — Que je ne puisse plus dire un mot sans qu'on me jette à la figure...

LOUISA. — Quoi enfin, quoi?...

PIERRE, *menaçant.* — Que le grand Jacquet est ton amant !

LOUISA, *révoltée.* — Qui a dit ça?

PIERRE. — Tout le monde, tu m'entends, tout le monde. Et ça ne date pas d'hier... Voilà plus de deux ans... D'abord, j'ai fait semblant de ne pas comprendre... et puis, j'ai fait semblant de ne pas croire, et maintenant...

LOUISA. — Maintenant?

PIERRE. — J'en suis sûr... Pour une fois que je rentre à l'improviste, qu'est-ce que je trouve ici? Lui! ce galvaudeux ! Ce coureur de filles... *(Avec un éclat terrible.)* Mais fallait le garder, bon Dieu, si tu l'avais comme ça dans la peau, au lieu de m'épouser. Quand je t'ai prise t'avais pas seulement un caraco à te mettre sur le dos.

LOUISA. — C'est entendu. J'avais rien. J'avais que mes bras. Tu m'as prise sans un sou, quand tu aurais pu en choisir une qui avait du bien... Si c'était pour me le reprocher toute ma vie, fallait pas le faire...

PIERRE. — C'est pas ça que je te reproche !

LOUISA. — Quoi donc, alors? D'avoir fauté avec Jacquet? Est-ce que je t'ai menti? Est-ce que je te l'ai caché? Trouve-les donc dans le pays celles qui se sont mariées sages?

PIERRE. — Au moins, elles n'apportent pas un bâtard à leur mari.

LOUISA, *essayant d'être ironique.* — Tiens! veux-tu que je te dise? tu t'es arrêté au cabaret. Tu es bu, mon homme !

PIERRE. — Assez causé. Je sais ce que je sais ! C'est un bâtard que tu m'as apporté, un bâtard, tu entends?... *(Lui prenant les mains.)* Ose-donc le dire qu'il est à moi ce gosse !

LOUISA. — Tu le sais bien !

PIERRE. — Jure-le ?

LOUISA, *révoltée.* — Je ne te ferai pas de serment comme ça !

PIERRE. — Ah ! tu vois, hein ? Tu vois ! Tu me prenais pour un imbécile. Vous rigoliez ensemble, lui et toi, pendant que moi je m'esquintais à travailler.

LOUISA, *pleurant.* — Si c'est possible !...

PIERRE. — Pleure donc va ! Il n'est plus temps. Tu ne pleurais pas quand t'es accouchée à huit mois pour conter que c'était rapport à une peur que t'avais eue, le jour que le taureau s'était échappé ! T'avais toute ta tête pour fabriquer des mensonges...

LOUISA, *sanglotant.* — C'est pas vrai ! C'est pas vrai !

PIERRE. — Alors, moi, j'aurai peiné toute ma vie pour élever ton bâtard? Je me serai esquinté au soleil, au froid pour lui laisser un lopin de terre? Quand les autres s'amusent, moi je serai aux champs, sur les routes... Mais tu n'as donc pas eu de honte, l'an dernier, quand le petit avait le croup, et que je courais comme un fou !... Pendant ce temps-là, son père dormait au chaud, tranquillement... et je pleurais son gosse, moi !

PIERRE (M. Damorès).

(Il a progressivement élevé la voix et crié ces derniers mots.)

Scène VI

LES MÊMES, FRANÇOIS

François est entré sur les derniers mots et descend, les cheveux embroussaillés, les yeux lourds de sommeil.

FRANÇOIS. — Maman ? Viens me coucher.

LOUISE, *se levant.* — Oui, mon petit.

PIERRE. — Eh bien ! lui et toi vous allez me foutre le camp d'ici.

FRANÇOIS. — Qu'est-ce que j'ai fait !

LOUISA, *essayant d'entraîner le petit.* — Viens mon chéri, viens.

PIERRE, *attirant l'enfant tout en tenant sa femme par le bras.*— Tiens, s'il te faut une preuve ! Arrive un peu ! Arrive. Regarde-le ! C'est-il de moi ces yeux enfoncés, ce front têtu?... C'est-il de moi cette bouche... ces mains de fille... et ces cheveux rouges, dis?... C'est pas à moi, pas à moi... Je n'en veux plus... Je n'en veux pas. *(A ce moment, on entend au loin la chanson de Jacquet qui passe sur la route.)* Allez, allez, Fous-moi le camp ! Va le retrouver ...

LE GOSSE (M. Delphin).

Dehors !... Plus de saleté dans ma maison... Tout ça, ça va être nettoyé !

(Il pousse l'enfant vers la porte.)

LOUISA. — Ah ça, mais tu es fou ! Il est ici chez lui, il restera.

PIERRE. — Il n'y en a qu'un qui est ici chez lui, c'est moi !...

LOUISA. — Tu es saoul !

FRANÇOIS, *pleurant.* — Qu'est-ce que j'ai fait? qu'est-ce que j'ai fait?

PIERRE. — Dehors !

LOUISA, *essayant de dégager l'enfant.* — On va bien voir !

PIERRE. — C'est tout vu !

(Il la repousse brutalement et jette l'enfant dehors.)

FRANÇOIS, *sanglotant et s'accrochant.* — Mais j'ai rien fait... J'ai rien fait.

PIERRE, *refermant la porte.* — Ah ! non, il y en avait trop aussi.

FRANÇOIS, *dehors.* — Ouvrez-moi ! Ouvrez-moi...

LOUISA, *qui s'est relevée.* — Ouvre donc, voyons.

PIERRE. — Non.

LOUISA. — Assez de bêtises... A moi, tout ce que tu voudras... Mais pas mon petit. Il pleut, il prendra mal... Ouvre !

PIERRE. — Qu'est-ce que tu veux que ça me fasse, moi, qu'il prenne mal?

LOUISA, *accrochée à lui.* — Mais tu es donc un sauvage, une brute?

LA VOIX DE FRANÇOIS, *pleurant.* — Maman... Ouvre-moi.

LOUISA, *allant à la fenêtre.* — Me voilà, mon gosse, me voilà.

LA VOIX DE FRANÇOIS. — Ouvre-moi... maman... *(Louisa va à la porte qu'elle veut ouvrir. Pierre l'empêche. L'enfant la voix soudain étranglée de peur appelle.)* Maman!... Maman !... *(Dans le même instant on entend un grognement puis deux petits coups frappés contre la porte, c'est François qui cogne avec ses poings.)* Maman... *(La voix se déplace.)* Maman... *(Le grognement du chien reprend puis se déplace encore. On entend haleter et courir.)*

LOUISA, *terrifiée.* — Le chien ! C'est le chien! Pierre ! François ! mon petit François !...

(Pierre debout devant la porte l'empêche toujours de passer.)

LA VOIX DE FRANÇOIS, *plus lointaine et étranglée de peur.* — Il me court après!... Il va me mordre. *(Avec un cri déchirant.)* Papa ! !

PIERRE, *se jette sur son fusil et court à la porte. En même temps Louisa veut sortir, mais il l'écarte.* — Laisse-moi passer !... voyons, mais laisse-moi passer, nom de Dieu !

(Il sort comme un fou. On entend encore l'enfant appeler « Papa ! » puis un cri de Pierre et aussitôt un coup de fusil.)

LOUISA, *sans bouger.* — Mon petit ! mon petit !...

PIERRE, *du dehors.* — Il n'a rien !... Il n'a rien !... J'ai tiré à temps...

(Louisa se jette au-devant de l'enfant qu'elle prend.)

PIERRE, *penché sur l'enfant.* — Il n'a rien, pas... la peur seulement !...

LOUISA. — Mon petit... mon tout petit!

FRANÇOIS, *tendant les bras.* — Papa !...

PIERRE, *sanglotant.* — Ah ! mon gosse !

(Rideau.)

Le Baiser dans la Nuit

PERSONNAGES

Henri	MM. BRIZARD.	*Le Docteur*	MM. GUÉRARD.
Jean Dupré	VIGUIER.	*L'Avocat*	DESMOULINS.
Pierre Granger	DEFRESNE.	*Jeanne*	Mmes MARCELLE BARRY.
Une garde			DAURAND.

ACTE PREMIER

Un salon assez élégant. Au fond, une cheminée près de laquelle est placé, un peu de biais, un grand canapé. A gauche, un large fauteuil, le dos tourné vers le public. A droite, une fenêtre devant laquelle est une petite table. Un peu en arrière une porte donnant sur le couloir. Au lever du rideau, Henri est assis sur le fauteuil de gauche. De la salle on ne peut le voir. Tout au plus aperçoit-on ses mains lorsqu'il se déplace. Pendant tout le début du premier acte jusqu'au réveil de Henri, on parle assez bas.

Scène première

Au moment où le rideau se lève, Henri assis dans un fauteuil, pousse un gémissement. Le médecin et la garde sont penchés sur lui.

LE DOCTEUR, *tendant à la garde une seringue de Pravaz.* — Là c'est terminé. Il n'y a qu'à le laisser tranquille. Il est encore assommé par le bromure d'ethyle. Donnez-moi de quoi me laver les mains voulez-vous?

LA GARDE. — Voilà, Docteur. Il a mal !

LE DOCTEUR. — Oui, c'est assez douloureux.

LA GARDE. — Et la nuit qui suit sa piqûre est toujours mauvaise.

LE DOCTEUR. — Oh ! ce n'est pas la piqûre !

JEAN. — Si au moins, on pouvait espérer que cela servirait à quelque chose !

LE DOCTEUR, *avec un geste de dénégation.* — Ça !

JEAN, *à mi-voix.* — Vous n'avez plus d'espoir?

LE DOCTEUR, *de même.* — Pensez donc qu'il a reçu le vitriol en plein visage ! à moins de cinquante centimètres. Souvent le criminel jette le liquide trop vite, de trop loin, sa main tremble, alors les brûlures s'espacent, ne font qu'éclabousser. Mais là !... c'est-à-dire que pour lancer le vitriol avec cette précision, il faut que cette misérable ait eu un sang-froid ! A deux mètres la charge d'un fusil de chasse fait balle, tous les plombs portent sur un seul point; eh bien, je ne peux pas trouver une comparaison plus juste : le liquide à fait balle.

LA GARDE. — Ce n'est pas au bagne, mais à la guillotine qu'on devrait envoyer de pareilles femmes.

JEAN. — La gueuse !

LE DOCTEUR, *regardant sa montre.* — Maintenant... Tenez !... son sort se décide !

LA GARDE. — Pourvu qu'elle soit condamnée !

LE DOCTEUR. — Oh ! n'en doutez pas !

JEAN. — Elle a malheureusement un très bon avocat !

LE DOCTEUR. — Il n'y a pas d'avocat qui tienne devant l'ignominie de certains actes.

JEAN. — Je regrette qu'il n'ait pas voulu aller lui-même devant la Cour !

LE DOCTEUR. — Il aurait très bien pu se rendre au Palais... je l'y aurais moi-même accompagné... et avec sa pauvre figure brûlée, il aurait été le plus terrible réquisitoire... Enfin ! le certificat que j'ai établi ne fera pas mal non plus !

JEAN. — Vous l'avez adressé au Président?

LE DOCTEUR. — Non. Je l'ai donné hier à votre frère, il devait vous le remettre.

JEAN. — Je n'ai rien vu !

LE DOCTEUR. — Il l'a peut-être fait envoyer directement ?

JEAN. — Je m'étonne qu'il ne m'en ait pas parlé... *(A la garde.)* Il ne vous a rien dit à ce sujet?

LA GARDE. — Non monsieur :

LE DOCTEUR. — Il a certainement dû l'envoyer... voulez-vous que je vous téléphone le verdict?

JEAN. — Ne vous dérangez pas Docteur... notre ami Pierre Granger doit venir aussitôt après les débats,

LE DOCTEUR. Bon ! — *(A la garde.)* Continuez les pansements, et s'il souffrait davantage vous lui donneriez ce que j'ai prescrit hier.

LA GARDE. — Bien !

JEAN. — Quand reviendrez-vous?

LE DOCTEUR. — Mon Dieu, maintenant... je n'ai malheureusement plus grand chose à faire...

JEAN. — Oui, docteur, mais c'est pour les piqûres ?

LE DOCTEUR. — La garde les fera aussi bien que moi... *(A la garde.)* Vous avez l'habitude n'est-ce pas, madame?

LA GARDE. — Sûrement, monsieur le Docteur d'ailleurs c'est moi qui l'ai piqué avant-hier !

JEAN. — Oui, je sais docteur, j'ai bien vu que madame s'y prenait très adroitement... seulement voilà... quand c'est vous-même... il s'imagine comment dirais-je?...

LE DOCTEUR. — Moins souffrir !... pourtant, je vous assure...

JEAN. — Non... docteur... ce n'est pas au point de vue de la souffrance ; mais quand vous le piquez vous-même, il s'imagine que l'opération a une importance plus grande... qu'elle a plus de chances de le guérir.

LE DOCTEUR. — Vous avez peut-être raison : l'essentiel est de lui donner confiance.

JEAN. — N'est-ce pas docteur? Oh ! je ne me fais pas d'illusion... J'ai très bien compris après la dernière consultation... après ce que vous m'avez dit, que jamais... le malheureux ne reverrait la lumière... Aveugle à trente ans !... il était si gentil garçon, vous vous souvenez ?... maintenant il est monstrueux.

Il pleure, le front dans ses mains.

LE DOCTEUR. — Calmez-vous, monsieur... soyez maître de vous... les aveugles ont une sensibilité profonde... il ne faut pas que votre frère s'aperçoive de quelque découragement de votre part : le seul soulagement que nous puissions lui apporter aujourd'hui, c'est de lui donner l'espoir de guérir... A vrai dire ces piqûres...

JEAN, *en pleurant.* — ... ne peuvent rien ?...

LE DOCTEUR. — Rien ! mais cette triste comédie lui permet d'espérer...

JEAN. — Alors... ne pourrait-on les rendre moins douloureuses ? Il dit qu'elles lui causent des maux de tête intolérables...

LE DOCTEUR. — Ce n'est pas la piqûre qui lui donne mal à la tête, c'est le fond de son œil, déchiré, mangé ! La piqûre elle-même n'est douloureuse que sur le moment. J'aurais pu lui ordonner des frictions, des massages.... mais voyez-vous dans certains cas, le malade croit d'autant mieux à l'efficacité du traitement qu'il lui fait plus de mal.

LE DOCTEUR. — C'est l'affaire d'un moment.

JEAN. — Eh bien docteur, c'est un peu pour ces raisons que je vous demande de faire vous-même ces piqûres, autrement il pourrait croire que vous n'y attachez pas l'importance voulue !

LE DOCTEUR. — Soit... c'est entendu !

JEAN. — Je vous remercie !

LA GARDE, *penchée sur le blessé.* — Le voici qui s'éveille !

JEAN, *s'approchant de lui.* — Eh bien ?

HENRI. — Est-ce toi Jean ?

JEAN. — Oui !... Le docteur est là.

HENRI. — Là !

(Il étend la main sur la gauche et touche le bras de la garde).

LA GARDE *(s'écartant doucement).* — C'est moi... monsieur !

LE DOCTEUR. — Voyons, vous n'avez rien senti ?

HENRI. — Non !

LE DOCTEUR. — C'est épatant hein ?... ce bromure d'éthyle !

HENRI. — Seulement maintenant... j'ai mal.

LE DOCTEUR. — C'est l'affaire d'un moment !

HENRI. — Il ne fallait pas m'éveiller !... Ah ! voyez-vous... en ce moment ça me brûle là au fond de la tête... comme si on grattait avec un couteau... c'est atroce !

LE DOCTEUR. — Que voulez-vous mon pauvre ami, ce traitement est douloureux, je le sais, mais nécessaire !

HENRI. — Vous croyez ?... J'ai bien peur !

JEAN. — Voilà tes idées qui te reprennent !

LE DOCTEUR. — Vous ne croyez pourtant pas que je m'amuserais à vous faire souffrir si je n'étais pas sûr... de vous voir guérir ?

HENRI. — Guérir !... Avec les yeux brûlés.

LE DOCTEUR. — Mais non... vous avez un œil brûlé... ça c'est malheureusement très vrai, mais il y a l'autre, et je vous assure... on peut le sauver !

JEAN. — Certainement !

HENRI. — Si ce que vous dites est vrai... si un jour, je puis avoir le bonheur de voir encore...

LE DOCTEUR. — Mais oui... seulement... il faut être courageux... avoir confiance !

HENRI. — Avoir la foi !

LE DOCTEUR. — Eh ! oui ! avoir la foi ! Voyons souffrez-vous toujours autant ?

HENRI. — Non, cela se calme !

LE DOCTEUR. — Cela va se passer tout à fait. Allons ! Au revoir !... A demain !

HENRI. — Oui docteur !

LE DOCTEUR, *à la garde.* — Et si les maux de tête recommençaient, vous avez la potion ?

LA GARDE. — Oui, monsieur le docteur !

LE DOCTEUR. — Ah ! à propos, et mon certificat ?... Vous l'avez envoyé ?

HENRI. — Oui ! oui !

JEAN. — Quand cela ?

HENRI. — Hier !

JEAN. — Hier ? mais voyons...

HENRI. — Oh ! je t'en prie... laisse-moi !

LE DOCTEUR. — Oui ! Laissez-le, le plus de calme possible ! Au revoir !

(Ils sortent.)

Scène II

HENRI, LA GARDE

LA GARDE. — Vous n'avez pas soif... monsieur ?

HENRI. — Si, donnez-moi un peu d'eau !

LA GARDE. — Voilà !

HENRI. — Quelle heure est-il ?

LA GARDE. — Quatre heures !

HENRI. — Quatre heures... On n'a pas de nouvelles du Palais ?

LA GARDE. — Pas encore !

Scène III

LES MÊMES, JEAN

JEAN, *revenant.* — Tu n'as besoin de rien ?

HENRI. — Non !... Le docteur est parti ?

JEAN. — Oui !

HENRI, *cherchant dans sa poche.* — Tiens, le voilà son certificat !

(La garde sort.)

JEAN. — Comment, tu ne l'as pas encore envoyé ? Mais il va être trop tard, quelle négligence !

HENRI. — Je ne veux pas l'envoyer !

JEAN. — Tu ne veux pas l'envoyer ? ! ! Comment !... Tu t'es déjà refusé à aller déposer toi-même !

HENRI. — Me donner en spectacle ! Exhiber à tous ma face dégoûtante et l'horreur que je suis devenu ! Ah ! merci !

JEAN. — Il ne s'agit pas de cela, mon pauvre ami, mais il fallait te montrer.

HENRI. — Pour la faire condamner ? Moyen misérable...

JEAN. — Moyen sûr... et juste ! Dans tous les cas ce certificat, il est indispensable de l'envoyer !

HENRI. — A quoi bon ?

(Il déchire le certificat.)

JEAN. — Qu'est-ce que tu fais ?

HENRI. — Je le déchire !...

JEAN. — Tu veux donc qu'on l'acquitte ?

HENRI. — Qu'est-ce que me fera sa condamnation ?

JEAN. — Elle te vengera !

HENRI. — Crois-tu ?... et puis...

JEAN. — Je ne te comprends pas !

HENRI. — J'essaie d'oublier !

JEAN. — Oublier... Oublie-là, soit !... mais après qu'elle aura été punie... Ah ! j'ai eu tort... J'ai eu cent fois tort de t'écouter : on aurait dû se porter partie civile... tu n'as pas voulu... tu trouvais suffisant de déposer toi-même... je n'ai pas discuté... C'était ton idée... Mais voilà qu'aujourd'hui, non seulement tu refuses de te rendre au Palais, mais encore tu n'envoies même pas ce certificat... Vraiment ! tu laisses la partie belle à son avocat... En ne te défendant pas... tu dis clairement au jury : « J'ai tellement mal agi avec cette femme que son geste est excusable. » Et on l'excusera, et elle sera acquittée, et son acquittement équivaut à ta condamnation. Parfaitement, aux yeux du monde ce sera toi le coupable !

HENRI. — Mais non...

JEAN. — Mais si !

HENRI. — Tant pis.

JEAN. — Non ! pas tant pis !... il n'y a pas que toi, il y a nous... il y a la famille... nous sommes solidaires les uns des autres... et en obéissant à je ne sais quel sentiment d'indifférence, tu te fais tort et tu nous fais tort... J'admets ... J'excuse bien des faiblesses, mais là, vraiment, je trouverais monstrueux que tu pusses avoir quelque pitié pour cette misérable... qui t'a perdu...

HENRI. — Perdu !... N'est-ce pas, je suis perdu !... Hein ?

JEAN, *se reprenant.* — Non, non, pas perdu !

HENRI. — Si, si, perdu !... Et c'est peut-être pour cela que je raisonne autrement que vous autres !

JEAN. — Je m'exprime mal... le docteur te l'a encore dit...

HENRI. — Oh ! le docteur !... Crois-tu sincèrement que...

JEAN. — Quoi ?

HENRI. — Que je reverrai ?

JEAN. — Mais certainement !

HENRI. — Ah !

JEAN. — Tu me crois... n'est-ce pas ?

HENRI, *anxieux.* — Oui, oui !... Et ma figure ?... ma figure ?... Dis-moi la vérité, elle est effroyable ?

JEAN. — Mais non !...

HENRI. — Si, si !... J'ai entendu !... la garde l'autre jour !

JEAN. — Voyons, mon petit Henri !

HENRI. — Tu pleures ?...

JEAN. — Non... pourquoi ?

HENRI. — Ta voix a changé !

JEAN. — C'est la colère de penser que tu as déchiré ce certificat...

HENRI. — Quelle heure as-tu ?

JEAN, *regardant sa montre.* — Bientôt cinq heures...

HENRI. — On devrait avoir des nouvelles.

(On entend sonner.)

JEAN. — Ce doit être Pierre... Je lui ai dit de venir tout de suite après l'audience !

LA GARDE, *apparaissant.* — M. Pierre Granger...

HENRI. — C'est lui !

JEAN. — Ah ! entrez Pierre... entrez vite...

Scène IV

LES MÊMES, PIERRE GRANGER

HENRI. — Eh bien ?...

PIERRE. — Ça y est... acquittée !...

JEAN. — Ah ! les canailles !

HENRI. — Acquittée !

UNE GARDE (Mme Daurand)

PIERRE. — Oui !... mon pauvre vieux !

LA GARDE. — C'est honteux !...

PIERRE. — Oui, madame !... Vous l'avez dit : c'est honteux !

JEAN. — Ça ne m'étonne pas !... d'ailleurs j'en étais presque sûr !

PIERRE. — Moi aussi ! Nous vivons à une telle époque...

JEAN. — Il ne s'agit pas de l'époque à laquelle nous vivons... Si Henri avait consenti comme il devait le faire... à se montrer devant le jury... à accuser lui-même, cette femme n'aurait pas été acquittée !

PIERRE. — Oh ! bien certainement !... d'autant plus qu'on s'attendait dans la salle à te voir... et il y a eu une déception, non seulement dans le public, mais aussi dans le jury, quand on a su que tu ne viendrais pas...

HENRI, *amer.* — Mon exhibition a manqué au programme. Les amateurs d'horreur n'ont pas eu leur compte !

HENRI. — Maître !...

L'AVOCAT. — Si ! Et je tiens à vous exprimer aussi mon admiration, mon respect... ma gratitude et la reconnaissance de cette malheureuse...

HENRI. — Qu'est-ce qu'elle a dit ?...

L'AVOCAT. — Votre volonté de vous laisser accuser pour la sauver... la grandeur de votre conduite l'ont davantage écrasée que ne l'aurait fait la pire des condamnations... Elle n'a eu qu'un cri : Demandez-lui pardon !...

HENRI. — Elle savait que vous veniez ici ?

L'AVOCAT. — Oui.

HENRI. — Elle est libre maintenant ?...

L'AVOCAT. — Elle va l'être aussitôt après les formalités de la levée d'écrou...

HENRI. — Eh ! bien, Maître, voilà ce que j'ai à vous demander... Je voudrais revoir... revoir... c'est une façon de parler... enfin, je voudrais qu'elle consentit à venir ici quelques instants auprès de moi... Je voudrais une dernière fois entendre sa voix... la sentir près de moi... Voilà des semaines que ce désir me poursuit... Il me semble qu'après cette entrevue, je serai plus courageux... que je supporterai plus vaillamment l'épreuve qui m'accable... Croyez-vous que cela soit possible ?

L'AVOCAT. — Oui.

HENRI. — Elle consentirait à venir ?

L'AVOCAT. — Je vous le promets...

HENRI. — Merci !

L'AVOCAT. — Vous l'aimez toujours ?

HENRI. — J'y pense toujours...

L'AVOCAT. — Quand désirez-vous qu'elle vienne ?...

HENRI. — Mais, le plus tôt possible... ce soir ?...

L'AVOCAT. — C'est entendu !

HENRI. — Et, si elle refusait ?...

L'AVOCAT. — Soyez sans crainte...

HENRI. — Merci, Maître...

L'AVOCAT. — Au revoir, monsieur...

HENRI. — Attendez !... *(Il sonne.)* Je sonne pour que l'on vous reconduise...

LA GARDE. — Si monsieur veut me suivre...

HENRI. — Dites à mon frère de venir...

LA GARDE. — Oui, monsieur.

(Rideau.)

ACTE II

Même décor qu'au premier acte. La nuit est venue, cependant les lampes ne sont pas encore allumées.

Scène première

HENRI, LA GARDE

HENRI. — Vous êtes certaine que mon frère est parti ?

LA GARDE. — Oui, monsieur. Je l'ai accompagné jusqu'à la porte... Comment vous sentez-vous ?

HENRI. — Très bien... *(Un temps.)* La bonne n'est pas remontée ?

LA GARDE. — Il n'y a pas dix minutes que vous l'avez envoyée en course, et c'est très loin. Elle ne sera pas de retour avant une heure.

HENRI. — Vous êtes sûre ?

LA GARDE. — Encore ne faut-il pas qu'elle perde de temps. Vous vouliez lui demander quelque chose ?

HENRI. — Non. Je n'ai besoin de rien. *(Un temps.)* Vous n'avez pas fermé la porte du salon ?

LA GARDE. — Si monsieur.

HENRI. — Il faut l'ouvrir. On n'entendrait pas sonner.

LA GARDE. — Si monsieur. J'entendrai fort bien.

HENRI. — Ouvrez là tout de même. Il n'y a que nous deux dans l'appartement et d'un moment à l'autre, j'attends une visite...

LA GARDE. — Je sais. Monsieur votre frère m'a prévenue... Mais, vous ne craignez pas d'avoir froid ?...

HENRI. — Non. Ouvrez, ouvrez... approchez-moi du feu, simplement.

LA GARDE, *approchant le fauteuil de la cheminée.* — Comme ceci ?

(La Garde range les oreillers).

HENRI. — Oui. *(Prêtant l'oreille.)* On n'a pas sonné ?

LA GARDE. — Non.

HENRI. — Fait-il nuit ?

LA GARDE. — Pas encore tout à fait...

HENRI. — On n'a pas déplacé les fauteuils tout à l'heure, pendant que j'étais endormi ?

LA GARDE. — Non monsieur. Pourquoi ?

HENRI. — Pour rien... J'aime savoir où sont les choses... *(La pendule sonne six heures.)* Cette personne ne tardera plus à venir, je pense... Quand elle sera là, vous pourrez descendre faire un tour.

LA GARDE. — C'est bien inutile.

HENRI. — Si, si... C'est très mauvais de rester enfermée du matin au soir.

HENRI (M. Brizard).

LA GARDE. — Je prendrai une heure ou deux demain, pendant que monsieur votre frère vous tiendra compagnie. Vous pouvez avoir besoin de moi, je préfère ne pas vous laisser seul.

HENRI, *un peu nerveux.* — Je ne serai pas seul, puisque cette dame sera là. Et puis, il faut faire faire la potion que le docteur m'a ordonnée. Je ne dors pas quand je n'en ai pas pris.

LA GARDE. — Je crois qu'il en reste assez pour cette nuit.

HENRI, *très nerveux.* — Mais non. Je me sens nerveux... Je ne veux pas risquer d'en manquer. Faites ce que je vous dis. Ah! Vous ne la ferez pas faire chez le pharmacien d'en bas. Il ne doit pas bien la préparer, elle ne me calme pas du tout. Allez là, où on l'a préparée la première fois. Elle m'avait fait beaucoup de bien. Vous savez, chez ce grand pharmacien de la Rive gauche où on avait acheté les objets de pansement? et apportez-la-moi.

LA GARDE. — Si vous voulez que je la rapporte... Le temps d'y aller, de l'attendre... je ne serai pas ici avant sept heures...

HENRI. — Eh bien! Puisque je n'ai besoin de rien. Vous partirez dès que cette personne sera arrivée. *(Il prête l'oreille.)* Ecoutez?... Cette fois...

LA GARDE. — On a sonné.

(Elle se lève.)

HENRI, *à mi-voix.* — Je n'y suis pour personne, sauf pour cette dame... Ne fermez pas... Je reconnaîtrai sa voix...

LA GARDE. — Oui monsieur.

(Elle sort. On l'entend ouvrir la porte de l'entrée puis une voix demande :)

UNE VOIX. — Monsieur Henri Dublay.

LA GARDE. — C'est ici...

HENRI, *de sa place.* — Faites entrer... Faites entrer...

LA GARDE, *fait entrer la jeune femme.* — Alors, monsieur, je vais chez le pharmacien?...

HENRI. — Oui... allez... allez...

Scène II

HENRI, JEANNE

HENRI. — Enfin! C'est toi! Où es-tu? Approche!...

JEANNE *hésite sur le seuil puis tombe à genoux.* — Pardon! Pardon!

(Elle éclate en sanglots.)

HENRI. — Ne pleure pas...

JEANNE. — Pardon.

HENRI, *très doux.* — Tais-toi. Ne pleure plus. C'est très bien d'être venue. Je craignais tant que tu ne veuilles pas.

JEANNE. — Ne pas venir? Quand tu me demandais? Comment as-tu pu croire?... C'est vrai... tu ne peux plus croire en moi... J'ai été une telle misérable avec toi... Je voudrais te dire... des choses... tout ce que je sens... mais je ne peux pas... Je ne sais plus... J'ai tant de chagrin... et tu es si généreux, si bon...

HENRI, *d'un ton vague.* — Bon?... Juste! A peine...

JEANNE. — Non, tu es bon! Je me repens. Je voudrais être morte pour tout le mal que je t'ai fait!

HENRI. — Je ne suis pas, moi non plus, sans reproches.

JEANNE. — Oh si...

HENRI, *hochant la tête.* — Non... Tu m'aimais, n'est-ce pas...

JEANNE, *tout bas.* — Oui...

HENRI. — Alors?... Pourquoi t'ai-je quittée?

JEANNE. — Ne me trouve pas d'excuses. Je n'en ai pas... je n'en mérite pas... je ne suis pas digne de ton pardon... Je ne suis même pas digne de t'entendre... Si tu savais ce que j'ai pu pleurer, depuis six mois!

HENRI. — Je sais... ton avocat m'a dit... Il m'a parlé de ta détresse morale... de ton repentir... Si on se doutait, avant, du mal qu'on fait! On comprend... après...

JEANNE (Mlle Barry).

JEANNE. — Sur le moment quand tu m'as dit : « Séparons-nous » j'ai cru devenir folle... C'était toute ma vie... qui s'en allait... j'ai perdu la tête, on est féroce quand on souffre.

HENRI, *comme à lui-même.* — Oui, féroce... (*changeant de ton*). Le remords, la pitié, viennent plus tard... bien plus tard... Moi aussi... après la chose, quand je sentais encore le feu du vitriol sur ma figure...

JEANNE, *cachant sa figure.* — Je suis une misérable.

HENRI, *continuant.* — Quand j'ai compris que je n'y verrais plus jamais, que j'étais pour toute la vie quelque chose d'horrible et de fini... évidemment je ne raisonnais pas comme je raisonne aujourd'hui!...

JEANNE. — Mais... tu n'es pas aveugle... *(Se reprenant.)* Tu verras... on m'a juré que tu verrais...

HENRI. — Non. Plus jamais, je ne verrai plus jamais. Tu peux dire le mot... Je suis aveugle... On me trompe... et je fais semblant de me laisser tromper pour ne pas leur faire trop de peine... Tous les deux jours un médecin vient ici me faire des piqûres... C'est atrocement douloureux... S'il n'y avait que moi, je les aurais refusées depuis longtemps, car je sais que rien, ne peut plus rien... Mais je les supporte pour laisser croire à mon pauvre frère... pour qu'il espère un peu plus longtemps...

JEANNE. — Comme il doit me haïr!

HENRI, *grave.* — Oui...

JEANNE, *joignant les mains.* — Et toi?...

(Elle pleure et cherche à étouffer ses sanglots)

HENRI, *très lointain.* — Moi?... *(Sur un autre ton.)* Je t'entends pleurer. Ah, j'ai pleuré moi aussi! Et les larmes me faisaient mal. Elles passaient sur mes yeux comme un fer rouge... Et puis, mes yeux sont morts... Alors, à sentir toujours la nuit autour de soi, on pense, on réfléchit... on s'apaise... Aujourd'hui, tu vois, je ne pleure pas. Je suis presque consolé parce que tu es près de moi... Cela évoque tant de souvenirs!... Tu te rappelles?... notre maison,

JEANNE. — Hélas !

HENRI. — J'y pense souvent !... N'est-ce pas, ne pouvant plus regarder autour de moi, je regarde en moi !... Que c'est loin, déjà ! Ceux qui te jugeaient tout à l'heure, seraient bien étonnés s'ils nous voyaient comme nous sommes, l'un devant l'autre, en ce moment. A quoi tiennent les choses pourtant! Si j'étais venu aux assises !... *(Changeant de ton.)* Croyais-tu que je viendrais?

JEANNE. — *(presque bas.)* Oui...

HENRI. — Et, tu avais peur?

JEANNE. — Oui...

HENRI, *comme à lui-même.* — Ils me poussaient tous à y aller... Il ne faut pas leur en vouloir. De leur part, c'était bien naturel: ils voulaient que tu fusses condamnée. Ils ne pouvaient pas éprouver ce que moi j'éprouve.

JEANNE, *avec admiration.* — Tu es meilleur que tous.

HENRI, *très résigné.* — Parce que tu serais restée en prison quelques années, serais-je redevenu l'homme que j'étais?... Alors !...

JEANNE. — Je me repens! Je me repens! Je suis une misérable ! Une autre aurait fait ce que j'ai fait, je dirais que c'est un monstre... J'ai honte d'être libre. Je te demande pardon... je te demande pardon.

(Elle tombe à genoux en sanglotant.)

HENRI, *après un temps, et très doux, il la cherche les mains tendues et frôle sa tête.)* Relève-toi... *(Elle se lève.)* Tu ne pleures plus?... Il ne faut plus pleurer. C'est la dernière fois que nous sommes ensemble...

JEANNE. — Pourquoi?

HENRI, *vague.* — Parce que... Causons un peu. Assieds-toi là... La nuit est venue, n'est-ce pas?

JEANNE. — Oui.

HENRI. — Donne de la lumière. J'ai beau ne plus la voir, j'aime à sentir les choses s'éclairer autour de moi. Tu es près de la cheminée? Etends la main, tu trouveras la prise de courant... tourne.

JEANNE, *l'apercevant soudain, étouffe mal un cri et se rejette en arrière.* — Ah !...

HENRI. — Qu'est-ce que tu as?

JEANNE, *bégayant.* — Rien... Rien...

HENRI, *grave et presque terrible.* — Si! Tu m'as vu!... Je suis effrayant n'est-ce pas?...

JEANNE, *bégayant et reculant encore.* — Mais non.

HENRI. — Effrayant !... Tu t'éloignes de moi?

JEANNE, *se rapprochant.* — Mais non ... Je suis là... près de toi... à la même place...

HENRI. — Oui, maintenant... *(d'un ton de nouveau suppliant et très doux)* Et je te voudrais plus près encore. Si tu savais comme dans ma nuit tes mains me tentent ! Comme j'en aimerais sentir encore une fois la douceur... Veux-tu me donner la main?... Nous, les aveugles, nous emportons ainsi d'un seul contact, de si prodigieux souvenirs ! *(Elle lui donne la main en détournant la tête.)* Ah ! que c'est bon !... Tu n'es pas fâchée?

JEANNE. — Mais non...

HENRI. — Cela t'ennuie...

JEANNE. — Pourquoi dis-tu cela?

HENRI. — Je croyais que tu te reculais.

JEANNE, *s'avançant et lui baisant sa main.* — Mais non...

HENRI. — Oui, comme ceci... Il me semble que nous sommes toujours les amants d'autrefois... *(Il hésite en lui effleurant les doigts.)* Tu n'as plus ma bague... Tu l'as jetée?

JEANNE, *vivement.* — Mais, non...

HENRI. — Pourquoi ne la portes-tu plus? Moi, j'ai toujours la mienne... On me l'a retirée parce que mes doigts étaient brûlés... La chair est encore à vif... Mais quand cela ira tout à fait bien, je la reprendrai... J'y tiens... Tu te souviens, tu disais : « C'est notre alliance ». Dis, pourquoi ne l'as-tu pas gardée?...

JEANNE. — Je n'osais pas...

HENRI. — Il faudra la reprendre. Tu la reprendras? Tu me le promets?

JEANNE. — Je te le promets.

(Elle retire doucement ses mains.)

HENRI. — Laisse-moi ta main. Laisse, elle est tiède... Tu sens comme j'ai froid ? Je suis glacé... Si tu savais comme on a froid quand on est aveugle...

(Il a dit cela d'une voix infiniment douloureuse.)

JEANNE. — Ne pleure pas...

HENRI, *d'une voix plus ferme.* — Je ne pleure pas... De petites faiblesses qui passent... Tu me permets de caresser tes doigts? Je ne peux pas encore goûter complètement la joie de les toucher... Plus tard, à la longue, on apprend, paraît-il... En ce moment je cherche, tout est pour moi sensation nouvelle... Je suis comme un petit enfant...

JEANNE. — Mon Dieu ! Mon Dieu !

HENRI. — Je suis heureux de t'avoir là. Tu ne peux pas savoir combien je suis heureux !

JEANNE. — Moi aussi, cela me fait du bien de t'entendre...

HENRI. — Je voudrais te garder longtemps... Mais, ce n'est pas possible. La vie serait si douloureuse auprès de moi !

JEANNE, *presque bas.* — Je ferai ce que tu voudras...

HENRI, *hochant la tête.* — Vois-tu petite, quand on a des souvenirs pareils aux nôtres, il ne faut pas les abîmer... Je dois être hideux, n'est-ce pas?

JEANNE. — Non... je te jure...

HENRI. — Si tu soulevais mon bandeau, tu apercevrais deux trous effrayants à la place des yeux. Je ne vois pas ceux qui me soignent... mais je les sens trembler quand ils découvrent ma figure... Donne-moi ta main, tu vas sentir... Une fois, la nuit, j'ai voulu me rendre compte, j'ai écarté mon pansement et j'ai touché; c'était horrible... Je sentais les os sous la chair, et puis au fond... une chose sans forme, sans nom... que j'aurais confondue avec les tampons d'ouate... si je n'avais hurlé de souffrance en l'effleurant... Et maintenant... souvent... je cherche encore... je voudrais me rendre compte... Ça me fait mal à crier... Mais c'est plus fort que moi... j'y retourne... il le faut... et j'ai peur... et c'est comme un besoin de me déchirer... Tu vas sentir.

(Il attire sa main.)

JEANNE, *avec un recul de dégoût.* — Je ne veux pas te faire mal.

HENRI. — Ça ne me fera pas mal... Tu passeras ton doigt légèrement... Là... *(Il pousse un cri.)* Ah ! que j'ai mal !...

JEANNE. — Finis...

HENRI, *tenant toujours sa main.* — Non *(Nouveau cri.)* Rends-toi compte. Tu sens ces déchirures? Si j'appuyais, ton doigt enfoncerait comme dans de la boue... Et là, près de la bouche, ces coutures... Au moindre effort la chair, trop fragile, se déchire... Quelquefois, quand je mange du sang me coule dans la bouche...

JEANNE. — Je t'en supplie... C'est trop... je ne peux plus.

HENRI. — Tu comprends ce que j'ai pu souffrir...

JEANNE. — Oui... oui...

HENRI. — Tu trembles, je comprends...

JEANNE. — Je tremble parce que je t'ai fait mal... parce que tu as crié... parce que...

HENRI. — Pourquoi mentir?... Autrefois, je me souviens... j'ai vu un homme que sa maîtresse avait vitriolé. Il n'avait plus figure humaine. Les femmes détournaient la tête en passant, et lui qui ne se rendait pas compte, n'ayant plus d'yeux, parlait aux gens qui s'écartaient. Je dois être pareil à ce misérable... Ne t'en va pas...

JEANNE. — Je ne m'en vais pas...

HENRI, *la retenant.* — Alors, il est bien naturel que ton cœur se soulève... Longtemps, tu n'auras plus devant les yeux que mon visage tel qu'il

L'AVOCAT (M. Desmoulins)

est... Tout de même! quelle chose effrayante le vitriol... et quand on pense qu'il est si facile de s'en procurer... si facile! Mais, ne parlons pas toujours de cela. Approche un peu... Avance ton fauteuil... *(Leurs fauteuils se touchent presque.)* Cela ne t'ennuie pas?

JEANNE. — Mais non...

HENRI. — Oublie tout ce que je viens de te dire, va...

JEANNE, *avec une tristesse infinie.* — Oublier?!...

HENRI. — Mais oui. Voyons, conte moi tes projets... Que comptes-tu faire maintenant?

JEANNE. — Je ne sais pas... Je n'ai pas pensé à cela. Cela a si peu d'importance... Je suis si désemparée, si lasse...

HENRI. — Enfin, tu as bien une idée?...

JEANNE. — Je me reposerai quelques jours... après, je travaillerai.

HENRI. — C'est que... tu n'as plus l'habitude...

JEANNE. — Je la reprendrai. Il faudra bien!

HENRI. — Ce sera dur! Et puis, travailler... A quoi?

JEANNE. — Je tâcherai de trouver une place de mannequin... si on veut de moi...

HENRI. — Pourquoi ne voudrait-on pas de toi? Tu es jeune, tu es jolie... Alors?... Car tu es toujours jolie, n'est-ce pas?... Réponds... dis-moi... Je voudrais savoir si tu es toujours jolie.

JEANNE. — Je ne me regarde plus...

HENRI, *grave.* — Tu as tort... *(Les doigts remontent vers le poignet de sa maîtresse.)* Tiens! Je reconnais ta robe. C'est ta robe noire, n'est-ce pas?

JEANNE. — Oui.

HENRI, *la retenant.* — Reste, reste... J'aime ton parfum... Comme je le retrouve! J'avais un tel besoin de le respirer que je m'en suis fait acheter... Mais sur moi il n'avait plus la même odeur... Approche-toi que je te sente...

JEANNE. — Je n'ai rien mis sur moi depuis des semaines...

HENRI. — Alors, c'est le parfum de tout ton corps, de ta peau, de tes cheveux... Approche-toi... Puisque tu vas partir... puisque tu ne reviendras plus... que j'emporte de toi tout ce que je puis maintenant emporter... *(La sentant tressaillir.)* Je t'ai fait mal?

JEANNE. — Non...

HENRI. — Tu frissonnes... Suis-je donc si horrible?

JEANNE, *balbutiant.* — Non... Il fait froid...

HENRI. — Aussi, pourquoi t'habilles-tu aussi légèrement? Tu n'as pas de manteau, je parie! Par ce mois de novembre! Il devait faire gris, et tiède, et mouillé dans la rue!

JEANNE. — Je ne sais pas... Je suis venue si vite!

HENRI. — Comme tu trembles! Approche toi du feu. Tu n'as plus froid maintenant?

JEANNE. — Je n'ai plus froid...

HENRI. — Il faisait bon chez nous! Tu te souviens? Tu cachais ton front sur mon épaule et je te gardais contre moi... Qui, maintenant, voudrait s'endormir dans mes bras?... Viens plus près... Donne-moi ton autre main... Tu n'es pas pressée, n'est-ce pas?

JEANNE. — Pressée... non. Tout de même il ne faut pas que je m'attarde... Je demeure loin, maintenant. C'est-à-dire, je demeure... je vais habiter pendant quelques jours chez une amie... Elle m'attend...

HENRI. — En bas?

JEANNE. — Non. Chez elle, alors, tu comprends... je ne peux pas la faire trop attendre.

HENRI. — Reste encore quelques minutes...

JEANNE. — Quelques minutes...

HENRI, *l'attirant.* — Je me sens si calme depuis que tu es là... M'aimes-tu encore?

JEANNE, *avec effort.* — Oui... Mais vraiment il faut que je parte, une autre fois, je reviendrai, je resterai plus longtemps.

HENRI. — Non, tu ne reviendras pas. Je suis tellement répugnant... Seulement, parce que c'est la dernière fois... justement... je voudrais... *(Longue hésitation.)* Je n'ose pas te dire...

JEANNE. — Mais si... parle...

HENRI. — Je voudrais... Non. C'est impossible... Va-t-en.

(Il la tient toujours.)

JEANNE. — Quoi?...

HENRI. — Tu ne consentirais pas... Et ce serait pourtant une charité!... Je voudrais t'embrasser... une fois... la dernière. Je serais si heureux... Il me semble qu'après... je serais heureux longtemps...

toujours... Après, je ne te demanderai plus rien... Tu pourras partir... Veux-tu?...

JEANNE, *presque bas*. — Oui.

(Elle hésite, puis lentement laisse tomber sa tête sur son épaule.)

HENRI, *avec un cri de triomphe féroce*. — Ah! Je te tiens!

JEANNE. — Que veux-tu dire? Tu me tiens... Pourquoi me serres-tu si fort?...

HENRI. — Je te tiens. Je ne te lâcherai plus!

JEANNE. — Mais je ne me défends pas... voyons... tu me fais mal. Je t'en prie, laisse-moi... Puisque je suis venue, tu vois bien que je ne cherche pas à te fuir... Seulement... ce soir... il faut que je m'en aille.

HENRI, *sans la lâcher*. — T'en aller?... déjà...

JEANNE. — Oui... ce soir.

HENRI. — Non. Non. Ce soir, justement je veux te garder encore... C'est mon désir, mon caprice... Une idée, comme cela...

JEANNE. — Eh bien oui... Je ne m'en vais pas... mais ne me serre pas si fort... lâche-moi.

HENRI, *ricanant*. — Ah! Ah! Non! Je te tiens trop bien! Maintenant que je t'ai attirée ici, tu n'en sortiras que quand je le voudrai, comme je le voudrai! Es-tu bien prise au piège, hein?

JEANNE. — Un piège!... Mais alors?... Au secours!

HENRI, *terrible et mystérieux*. — Chut!

JEANNE. — A moi!

HENRI. — Ne crie pas. C'est inutile. Nous sommes seuls.

JEANNE, *folle d'exaspération et de peur*. — Je veux partir! Je partirai!...

HENRI. — Tu sais bien que tu ne m'échapperas pas. Je suis le plus fort. J'ai tes deux mains dans une des miennes, et déjà tu ne peux plus bouger! Je te tiens!

JEANNE. — Je veux partir!

HENRI. — Non.

JEANNE. — Pourquoi m'as-tu attirée ici!... Menteur... *(Il lui tord les poignets. Elle pousse un cri de douleur.)* Lâche... Oui! J'ai bien fait de te... *(Elle pousse un nouveau cri de souffrance.)* Ah... Non... non... pardon... Je me repens... Tu sais bien que je me repens... mais pourquoi me faire mal?... Pourquoi me dire des choses terribles... pourquoi...

HENRI, *ironique et terrible*. — Pourquoi? Oui! Pourquoi?... Tu croyais que je t'avais fait venir ici pour le seul bonheur de t'entendre, de te dire de bonnes paroles, d'implorer un baiser, le dernier?... Avais-tu donc perdu toute raison pour penser qu'on pardonne ce que tu m'as fait?... Au fond, tu trouvais ça presque naturel... Voyons! Tu n'as pas compris en découvrant ma figure hideuse, cette chose dégoûtante que tes doigts n'osaient pas toucher, qu'il faudrait payer?... Non! Tu n'as pas compris... Et tu n'as pas compris non plus, quand je te suppliais de me donner ta bouche que c'était simplement pour te tenir, enfin! Ah! ce baiser! me l'as-tu fait assez mendier! Mais je n'en veux pas de ta bouche! Je n'en veux plus. Maintenant, si je voulais la prendre, la mordre... je n'aurais que cela à faire... et je ne le fais pas... Tes mains sont aussi froides que les miennes... Tu as peur. Tu as raison d'avoir peur... J'ai bien joué mon rôle, hein? Tous s'y sont laissé prendre: mon frère, mes amis, ton avocat. Tout à l'heure, quand ils ont su que je te faisais acquitter, ils ont crié: « C'est un fou »! Et tout de suite après: « C'est un saint »! Enfants! Ni l'un ni l'autre! Si je t'ai fait acquitter, c'était pour t'avoir ici, pour t'y tenir, pour me venger moi-même! Ah! ça n'a pas été commode. J'avais tout le monde contre moi. On me disait: « Fais-la condamner! C'est ton devoir! » Alors il m'a fallu lutter, jouer la comédie du repentir, du pardon... C'est ça qui a été le plus dur... Ne te débats pas, voyons, écoute-moi. C'est une admirable histoire... Tu tremblais moins fort à la cour d'assises, je parie... Dame, à la cour d'assises, qu'est-ce que tu risquais?... La prison! Bah! la prison!... On en sort Comme tu es fausse et lâche, avec ton air timide et tes gestes soumis, on t'aurait bientôt graciée, et au bout de quelques mois, tu rentrais dans la vie, tranquillement. Avoue que ce n'aurait pas été juste!... Depuis ce matin, tu n'imagines pas par quelles angoisses j'ai passé: condamnée... je ne te voyais plus... et si une fois acquittée tu n'étais pas venue?... J'étais comme un joueur qui a mis toute sa fortune sur une carte... Mais maintenant, je suis bien tranquille. Je tiens ma vengeance...

JEANNE. — Non... tu ne vas pas te venger... Qu'est-ce que tu vas me faire?...

HENRI. — Ce que tu m'as fait, simplement...

JEANNE, *se débattant*. — Au secours!

HENRI. — Tu peux crier. Personne ne t'entend. Personne ne viendra. J'ai éloigné mon frère, la bonne, la garde...

JEANNE. — A l'assassin!...

HENRI. — C'est toi.

HENRI. — La maison est vide *(Elle essaye de lui échapper.)* Allons! Pas de bêtises, tu ne m'échapperas pas. Mes précautions sont prises... Y a-t il des jours que je l'attends, cette minute... J'ai tout prévu... ce ne sera pas long... J'ai du vitriol... là... Tu vois? Tu sais bien comme c'est facile de s'en procurer... hein?...

JEANNE. — Tu ne feras pas ça! Tu ne feras pas ça!

HENRI — Mais si, mais si!... Tu l'as bien fait, toi!

JEANNE. — Moi, j'étais folle! Je ne savais plus ce que je faisais... Je ne pensais pas au crime que j'allais commettre... Je n'ai pas réfléchi... Je n'ai pas eu le temps...

HENRI. — Tu n'as pas réfléchi? Tu n'as pas réfléchi, quand tu es allée l'acheter? Tu ne réfléchissais pas quand tu savais prendre pour le demander une voix si calme que le marchand ne se douta de rien? Tu n'as pas réfléchi tandis que tu versais l'acide dans le bol? Tu n'as pas réfléchi en te postant sur mon chemin? Et pendant l'heure entière où tu me guettais — car tu m'as guetté toute une heure! — tu n'as pas réfléchi?... Tu n'as pas réfléchi en me voyant devant toi? Tu n'as pas réfléchi en me criant « Regarde! » pour être sûre de me frapper en plein visage?... Tu n'as pas réfléchi?... Tu mens! Tu mens! Tu as réfléchi comme moi... Seulement... moi je m'en vante ! Je te préviens... Maintenant que tu m'as vu, tu sais quelle chose épouvantable, quelle boule de chair saignante tu seras dans un instant !... Tout à l'heure, de ta jolie figure il ne restera rien... Tu seras aveugle, monstrueuse, repoussante... comme moi !

JEANNE. — Au secours !...

HENRI, *débouchant le flacon avec ses dents.* — Finissons-en !... Penche la tête... Là... Nous allons rire... Je vais te répandre le vitriol sur la figure... sur le front... sur les joues... Tu verras comme ça fait mal... Après... Nous serons des amants incomparables, faits l'un pour l'autre... Tiens... une goutte d'abord.

(Il verse.)

JEANNE, *avec un cri terrible.* — Ha !...

HENRI. — N'est-ce pas que c'est effroyable ?... Mais ce n'est rien... Le terrible... c'est quand cela vous coule sur les yeux... Tes jolis yeux... Si je les épargnais ? Qu'en dis-tu ? pour qu'une fois guérie tu puisses te voir ?

JEANNE. — Ah ! je souffre !...

HENRI. — Non... non... Je ne les épargnerai pas ! Comme moi ! Tu seras aveugle, comme moi ! Tu vas connaître la nuit, la grande nuit... Allons... regarde une dernière fois...

JEANNE. — Pas ça ! Pas ça !

HENRI, *commençant à verser.* — Souviens-toi de mes yeux ! Souviens-toi de la lumière... Là...

JEANNE, *hurlant.* — Ha !

HENRI. — Non, non, non !... n'ouvre pas la bouche... Je ne veux pas te tuer... ce serait trop doux...

JEANNE. — Je brûle !...

HENRI, *lui mettant la main sur la bouche.* — Tais-toi ! *(Avec un cri.)* Tu me mords !... mais ce n'est rien. Là, là !... encore... Ça fait mal, hein ?...

JEANNE. — Ah...

HENRI. — C'est l'enfer !... Les yeux maintenant...

JEANNE, *se défend éperdument puis maintenue et immobilisée.* — Mes yeux ! Mes yeux ! Mes yeux !...

HENRI, *très calme.* — C'est fini... C'est fini... *(Elle se débat.)* C'est fini... C'est fini...

(Il jette le flacon puis desserre son étreinte.)

JEANNE, *se levant comme folle.* — Mes yeux ! Mes yeux ! Mes yeux !...

La Garde ouvre la porte du corridor, puis entre et pousse un cri tandis que Jeanne se tord sur le plancher et que Henri debout, les bras tendus, à demi fou répète :

HENRI. — Comme moi ! Comme moi !...

(Rideau).

HENRI. — Tu vas connaître la grande nuit.

Grand-Guignol et le dialogue sobre et élégant donnait à l'œuvre une exceptionnelle valeur.

Cette année M. Maurice Level a fait représenter *Le Baiser dans la nuit*. Je suis allé lui demander l'histoire de cette œuvre nouvelle. Je l'ai trouvé dans son cabinet de travail ensoleillé de l'Avenue de Villiers. Nous avons causé longuement du théâtre, sujet inépuisable et qui ne lasse jamais. Tous les familiers de l'écrivain connaissent l'agrément que l'on trouve à causer avec lui. C'est à chaque instant un trait nouveau de son esprit original et mordant. Il a bien voulu me dire l'origine de sa pièce, sa carrière, les anecdotes qui s'y rattachent et son scrupule très louable d'éviter avec soin tous les procédés faciles qui auraient pu enlever à ce petit drame son très pur cachet artistique.

Le *Baiser dans la nuit*, me dit M. Maurice Level, a été tiré d'un conte que j'ai publié dans le *Journal* en juillet 1912, ou plus exactement le conte n'était que le scenario de ces deux actes, car j'avais, en l'écrivant, l'intention de faire la pièce, et de la faire pour le Grand Guignol. La pièce devait du reste « se sentir » si on peut dire dans le conte, puisqu'au lendemain de sa publication, j'ai reçu une quantité de lettres de confrères me demandant l'autorisation de l'adapter au théâtre. Je dus répondre à tous, en les remerciant, que la pièce était déjà faite. Max Maurey en connaissait le sujet et me l'avait demandée pour son théâtre. Ce fut donc une pièce heureuse puisqu'elle ne connut pas le sommeil dans les cartons, et qu'elle fut discutée, lue, reçue, distribuée et jouée en un mois. Répétitions très calmes au cours desquelles on évitera tout ce qui pouvait ressembler à de l'horreur systématique.

Sans doute eut-on besoin, à un moment donné, de laisser voir la face du vitriolé, et chacun sait qu'un vitriolé n'est pas précisément joli garçon. Encore sur ce point jugeâmes nous préférable, Maurey et moi, de donner un minimum, c'est-à-dire de cacher les yeux sous un bandeau noir, et de laisser toute une moitié du visage intacte. Pour le grimage, l'honneur de l'invention revient à l'acteur qui joua le vitriolé : Brizard. Ce maquillage, qui le soir de la Générale produisit un effet si violent, que le critique du *Matin* se trouva mal, atteignait en quelque sorte à la perfection. L'acteur, pour le réaliser, avait appliqué sur sa joue gauche une mince lame d'éponge, et marqué dans les trous quelques points rouges ou noirs au crayon. Je dois reconnaître que de près, l'effet était tout à fait effroyable. Et à ce sujet, deux anecdotes :

Dullin, du Théâtre des Arts devait créer le rôle. Comme il n'avait jamais vu de vitriolé, je crus utile de lui en montrer un. Je l'emmenai donc à l'hôpital Lariboisière : il n'y avait pas un vitriolé pas même un brûlé sur les 900 lits de cet hôpital. A Saint-Louis, qui est presque deux fois plus vaste que Lariboisière, nous n'en trouvâmes pas davantage. J'aurais fini par croire que le vitriol était terriblement démodé, oublié, si, quelques jours avant la Générale, un drame du vitriol particulièrement féroce n'avait alimenté les faits divers des journaux.

La veille des couturières, — si j'ose dire !... — Maurey assiste à la répétition ; sur la scène, il déplace et replace des accessoires, puis dit à Brizard qui avait fait ce tour de force d'apprendre le rôle en quatre jours. — Dullin étant tombé malade.

— Eh bien ! pourquoi ne vous êtes-vous pas grimé ? J'aurais voulu me rendre compte.

— Pardon, Monsieur, je suis grimé, répond Brizard en se tournant légèrement, et présentant sa joue maquillée.

Maurey fit seulement : « Oh... Oh !... » en marquant un temps, mais avec une expression telle qu'il n'y avait pas à se tromper sur l'effet produit.

Quelques spectateurs se sont plaints et se plaignent encore que la jeune femme vitriolée à son tour n'apparaisse pas défigurée, sanglante. La vérité l'eut sans doute exigé. Mais je n'ai pas tenu à cette ultime horreur, estimant que la pièce devait porter son angoisse en elle-même, et non l'emprunter aux accessoires, à ce que j'appellerai des moyens faciles et un peu bas.

OPINION DE LA PRESSE

Figaro (M. Robert de Flers).

Le *Baiser dans la nuit* est un drame rapide, adroit, saisissant, et qui finit par un coup de théâtre d'une atroce violence...

Sans doute ces deux actes sont d'une horreur singulière et peut-être excessive. Mais ils sont traités avec talent, en un dialogue rapide et vrai par M. Maurice Level qui est homme de théâtre et de lettres.

L'Autorité (M. Dupuy-Mazuel).

L'événement important de la soirée était la représentation du très beau drame de M. Maurice Level, le *Baiser dans la nuit*...

Ce drame qui relève évidemment du genre *Grand-Guignol* a cependant sur les pièces habituelles de ce théâtre une supériorité incontestable. Il est solidement charpenté et élégamment écrit. C'est un gros succès qui dépassera le cadre du curieux petit théâtre de la rue Chaptal, et fait le plus grand honneur à M. Maurice Level.

Le Petit Journal (M. Georges Boyer).

La pièce à sensation : M. Maurice Level a distillé l'horreur avec un talent incontestable et d'autant plus redoutable. Le drame est puissant.

La Patrie (M. Armand Massard).

M. Maurice Level a déjà acquis une belle notoriété dans sa spécialisation vers « la pièce Grand-Guignol ». Avec le *Baiser dans la nuit*, il s'est surpassé. C'est d'un raffinement vraiment très habile dans l'art de la transmission de la sensation douloureuse et crispante.

La Petite République (M. G. Sabatier).

La palme de la terreur revient sans conteste à M. Maurice Level avec son angoissant *Baiser dans la nuit*. C'est un des plus violents effets d'épouvante qu'on ait encore obtenus. Son intensité est encore augmentée par la manière sobre et nette, très littéraire, dont il est traité. M. Level a prouvé qu'il avait en lui l'étoffe d'un véritable homme de théâtre : il peut sans crainte s'échapper de l'horreur : ses qualités le lui permettent.

Gil Blas (M. Edmond Sée).

Frissonnons déjà à ce titre : *Le Baiser dans la nuit*. Et ce n'est rien, oyez la pièce ! Si on avait le temps on crierait dans la salle. On n'a pas le temps le rideau baisse juste comme nous allions le faire. Ensuite bien entendu, des bravos, des rappels, car ces deux actes sont gradués avec une maitrise savante.

Comœdia (M. G. de Pawlowski.

La traditionnelle grande pièce d'épouvante est fournie par *le Baiser dans la nuit*, de M. Maurice Level. Il convient de noter à ce propos que les pièces d'épouvante du Grand-Guignol tendent à devenir chaque jour plus littéraires. Evidemment ce sont toujours des tableaux rapides, des visions horribles destinés à impressionner en peu de temps le spectateur, mais enfin on cherche le moins possible à recourir aux moyens mécaniques, et le côté psychologique est surtout développé avec soin.

La Presse (M. A. Debuschère).

Il y a mieux dans la pièce de M. Leve que la brutalité du moyen physique : c'est l'art avec lequel est combiné cet perfide embuscade, c'est l'illusion sur le dénouement savamment entretenue à la faveur de sentiments magnanimes. Des scènes vraiment attendrissantes conduisent au revirement et partagent le spectateur entre la pitié et l'angoisse.

Paris-Midi (M. Robert Catteau).

Dans le drame de M. Maurice Level qui constitue le morceau capital de la soirée, il y a un fonds d'humanité cruelle, une pénétrante préparation psychologique qui relèvent le ton de l'œuvre, et qui en assurent le succès avant même que se produise le coup de théâtre pour lequel elle fut composée.

L'Intransigeant (M. Nozière).

Ce titre semble annoncer une pièce galante : c'est un titre trompeur. M. Level a écrit un drame terrible. Des femmes n'en ont pu supporter le spectacle. Un de nos confrères dut quitter en hâte la salle. Bref ce fut un succès. Nous devons admirer l'ingéniosité de l'auteur. Il sait que l'effroi est plus grand quand nous n'en apercevons pas clairement la cause. Au moment où André saisit Jeanne, je songeais à la scène des *Mystères de Paris* dans laquelle le maitre d'école à qui on a brulé les yeux s'empare enfin de la chouette et la tue lentement. M. Maurice Level n'a donc pas dépassé les limites : Eugène Sue n'est pas moins terrible. je sais gré à M. Level de nous avoir montré avec discrétion les ravages du vitriol, nous apercevons à peine le visage d'André, ce n'est pas un spectacle écœurant et l'impression produite n'en est que plus violente.

Comme on vient de le voir par les extraits de la presse, le succès le plus éclatant et du meilleur ton a accueilli *Le Baiser dans la nuit*. Seul, M. Adolphe Brisson, dans le *Temps*, crut devoir faire certaines réserves.

L'interprétation parfaitement homogène a contribué au succès de la pièce et il faut féliciter une fois de plus M. Max Maurey qui possède l'art de rendre étrangement vivant le moindre tableau. Sa mise en scène est certainement une des choses les plus curieuses que l'on puisse voir et sa façon de monter le *Baiser dans la nuit* a encore ajouté à l'angoisse qui se dégage du drame de M. Maurice Level.

H. DUPUY-MAZUEL.

Paris. — Imprimerie E. Desfossés, 13, quai Voltaire.

www.ingramcontent.com/pod-product-compliance
Lightning Source LLC
LaVergne TN
LVHW050511160826
845677LV00003B/1064

* 9 7 8 2 3 2 9 6 2 1 6 5 4 *